L'Amour en Sabots

N° 100
1875

Y Th.
721

L'AMOUR
EN SABOTS

COMÉDIE-VAUDEVILLE

Représentée pour la première fois, à Paris, sur le théâtre des Variétés,
le 3 avril 1861.

CHATILLON-SUR-SEINE. — IMPRIMERIE E. CORNILLAC

L'AMOUR
EN SABOTS

COMÉDIE-VAUDEVILLE EN UN ACTE

PAR

E. LABICHE ET A. DELACOUR

NOUVELLE ÉDITION

PARIS
MICHEL LÉVY FRÈRES, ÉDITEURS
RUE AUBER, 3, PLACE DE L'OPÉRA

LIBRAIRIE NOUVELLE
BOULEVARD DES ITALIENS, 15, AU COIN DE LA RUE DE GRAMMONT

1875

Droits de reproduction, de traduction et de représentation réservés

PERSONNAGES

LEGALOUX, domestique. . . . . MM. KOPP.
PIGEONNIER, notaire . . . . . CH. BLONDELET.
BOUSSERONDE, pharmacien . . . HEUZEY.
LA BIRETTE, domestique . . . . Mlles ALPHONSINE.
HORTENSE, femme de Bousseronde. GABRIELLE.
PAYSANS ET PAYSANNES . . . . .

La scène se passe à La Palisse (Nivernais),
chez Pigeonnier.

Les indications sont prises de la gauche du spectateur. — Les personnages sont inscrits en tête des scènes dans l'ordre qu'ils occupent au théâtre. Les changements de position sont indiqués par des renvois au bas des pages.

L'AMOUR EN SABOTS

Le théâtre représente une étude de notaire de campagne. Porte d'entrée au fond, donnant sur une place de village. — Cartonniers, affiches de ventes d'immeubles. — Porte à gauche; c'est celle de l'appartement de Pigeonnier. — A droite, porte de la cuisine. — Un bureau à gauche, avec des cartons, livres, papier, encrier et un buffet au fond, à gauche. — Une table sur le devant, à droite. — Chaises, etc.

SCÈNE PREMIÈRE

BOUSSERONDE, HORTENSE, puis PIGEONNIER.

BOUSSERONDE, entrant par le fond, avec sa femme. Il tient des boîtes de dragées sous un bras et un gros melon sous l'autre.

Tiens! personne dans son étude! (Appelant.) Pigeonnier! Pigeonnier!... c'est moi... le parrain!

PIGEONNIER, entrant par la porte à gauche *.

Chut!... Ma femme est souffrante.

BOUSSERONDE.

Bah! vraiment?

HORTENSE.

Qu'a-t-elle donc?

PIGEONNIER.

Elle a dégringolé hier soir dans l'escalier. Le médecin appelle ça une érosion du tibia; et comme elle a mal dormi cette nuit, il a recommandé de ne pas faire de bruit.

HORTENSE, à Bousseronde.

Et vous qui criez comme dans un moulin!... C'est très-commun! un pharmacien doit tenir son rang...

PIGEONNIER.

Rassurez-vous... elle ne s'est pas réveillée... Elle a eu cette nuit le sommeil agité, elle rêvait... une espèce de cauchemar... (A Bousseronde.) Elle prononçait votre nom! Elle disait: « Bousseronde! ah! Bousseronde! »

* Bousseronde, Pigeonnier, Hortense.

BOUSSERONDE, à part.

L'imprudente !

HORTENSE.

Alors le baptême de votre neveu est remis ?

PIGEONNIER.

Du tout. Seulement ma femme n'y assistera pas... Elle vous prie de vouloir bien la remplacer... de servir de marraine, par procuration, à l'enfant de ma sœur...

BOUSSERONDE.

Avez-vous reçu de ses nouvelles ?

PIGEONNIER.

Oui... elle est arrivée à Alger... auprès de son mari... et elle nous a écrit de presser le baptême. (A Hortense.) Aussi, j'ai compté sur vous.

HORTENSE.

Volontiers.

BOUSSERONDE.

Voici les dragées... (Offrant son melon.) Et le cadeau d'usage.

Il le pose sur le bureau.

PIGEONNIER, prenant les boîtes de dragées.

Un melon !... Oh ! vous êtes mille fois trop bon !... (Portant les boîtes sur le buffet.) Je vais les poser là, en attendant... car je n'ai plus de domestiques... Les miens m'ont quitté ce matin.

HORTENSE.

Comme les nôtres... Ils sont partis au petit jour... mais c'est aujourd'hui la Saint-Jean.

BOUSSERONDE.

Oui... la loue... comme on dit dans le pays... le marché aux domestiques... et nous allons en arrêter deux autres.

PIGEONNIER.

Cela vous sera facile... c'est dans mon étude que se signent les marchés.

BOUSSERONDE.

Je le sais bien.

PIGEONNIER.

En ma qualité de notaire, c'est moi qui fais les contrats... J'ai passé ma matinée à les préparer... C'est un revenu... deux francs par acte... (Regardant sa montre.) Neuf heures ! Vous allez les voir arriver...

BOUSSERONDE.

Les hommes avec une branche de pin au chapeau.

HORTENSE.

Et les femmes une branche de houx au corsage... C'est gentil !

SCÈNE DEUXIÈME

BOUSSERONDE.

C'est pittoresque !

PIGEONNIER.

Aussitôt après la loue, nous irons faire baptiser le petit..

HORTENSE.

C'est convenu...

On entend une cloche.

PIGEONNIER.

Et tenez, les entendez-vous qui arrivent ?... Allons leur ouvrir la porte.

Il va ouvrir la porte du fond. La foule entre, composée de paysans et de paysannes avec leurs branches de pin ou de houx, et de quelques bourgeois et bourgeoises.

SCÈNE II

LES MÊMES, PAYSANS, PAYSANNES.

CHŒUR.

Air de MANGEANT (*Honneur à ce riche seigneur*).

Allons !
Entrons !
Allons, fill's ou garçons !
Voyez !
Parlez !
Prenez
Et choisissez !...

Pigeonnier est allé s'asseoir à son bureau. — Aussitôt des paysans et des paysannes y vont signer leurs contrats, pendant que les autres vont et viennent en s'offrant aux bourgeois.

UN FERMIER, à Pigeonnier*.

Bonjour, maître Pigeonnier !

PIGEONNIER.

Bonjour, Landry !

LE PREMIER PAYSAN, au fermier.

Un garçon de ferme... not' maître ?

LE FERMIER.

Qué qu' tu gagnes ?

PREMIER PAYSAN.

Vingt écus, notre maître.

LE FERMIER, lui tournant le dos.

Allons donc ! (A une paysanne.) Et toi, la petiote ?

Il lui prend le menton.

---

* Pigeonnier, Bousseronde, Hortense.

LA PAYSANNE.

Ah ! dites donc ! c'est pas dans le marché.

PIGEONNIER, à un paysan qui vient de signer son contrat.

C'est deux francs.

Le paysan paye.

DEUXIÈME PAYSAN, très-gros, à Bousseronde, qui va et vient en les examinant tous.

Queuque chose de solide, not' maître ?

HORTENSE, à Bousseronde.

Ah ! le bel homme !

BOUSSERONDE, tournant le dos au paysan.

Merci ! (A Hortense.) Il doit manger comme quatre.

PIGEONNIER, à une paysanne qui vient de signer.

C'est deux francs.

LA PAYSANNE.

Deux francs ?... L'année dernière, c'étions que trente-cinq sous.

PIGEONNIER.

L'encre est augmentée. Voyons, dépêchons !

La paysanne paye.

BOUSSERONDE, à une paysanne.

Sais-tu faire le beurre, la rougeaude ?

DEUXIÈME PAYSANNE.

J' crois bien... et soigner les bêtes... à vot' service...

BOUSSERONDE, apercevant un paysan très-maigre, à part.

Oh ! en voilà un qui ne doit pas manger beaucoup... (L'appelant.) Approche ici, toi... Combien gagnes-tu ?

TROISIÈME PAYSAN.

Vingt écus.

BOUSSERONDE.

Je t'arrête... (A la deuxième paysanne.) Toi aussi.

DEUXIÈME PAYSANNE.

Vous serez content, not' maître....

BOUSSERONDE, allant au bureau.

Pigeonnier, préparez-nous ça....

HORTENSE aux domestiques.

Vous viendrez ce soir.

BOUSSERONDE.

Vous demanderez monsieur Bousseronde...

TROISIÈME PAYSAN.

Oh ! je vous connaissions bien... vous êtes l'apothicaire...

BOUSSERONDE, vexé.

Pharmacien !

DEUXIÈME PAYSANNE.

C'est vous qu'avions soigné mon âne.

SCÈNE TROISIÈME

HORTENSE, vexée.

C'est bon !

BOUSSERONDE, qui a signé, donnant la plume à la paysanne.

Sais-tu signer ?

DEUXIÈME PAYSANNE.

J'fais ma croix.

Elle signe.

HORTENSE, au paysan.

A toi !

TROISIÈME PAYSAN, qui a pris la plume.

Oh ! j'ons fait un pâté...

Il signe.

PIGEONNIER, se levant, et remettant le papier à Bousseronde.

C'est égal... c'est bon tout de même...

BOUSSERONDE.

Voilà vos deux francs...

PIGEONNIER, refusant.

Je n'accepte pas... vous m'avez donné un melon !

BOUSSERONDE, passant à droite, suivi de Pigeonnier.

Ça ne fait rien...

PIGEONNIER, regardant tendrement Hortense*.

Il y a des personnes qu'on ne fait pas payer.

HORTENSE, bas à Pigeonnier.

Taisez-vous !

Bruit de sonnette.

PIGEONNIER.

Ah ! ma femme qui se réveille !

HORTENSE.

Nous allons la voir !

BOUSSERONDE, prenant son melon.

Et lui faire notre petit cadeau....

PIGEONNIER, les conduisant à la porte de gauche.

C'est ça... allez...

Ils entrent à gauche. La loue continue.

SCÈNE III

PIGEONNIER, Paysans, Paysannes,

puis LA BIRETTE.

PIGEONNIER.

Maintenant, songeons un peu à moi...

Il se met à examiner les paysans et les paysannes.

* Hortense, Pigeonnier, Bousseronde.

LE GROS PAYSAN, se proposant.

Quéque chose de solide, not' maître?...

PIGEONNIER, lui tâtant le bras.

Sais-tu écrire?

LE PAYSAN.

Pas encore... je suis trop jeune !

Il rit.

PIGEONNIER.

Alors, file !

Bruit au fond.

PLUSIEURS VOIX.

Ne poussez donc pas !... Tiens ! c'est La Birette !

La Birette entre par le fond.

PIGEONNIER, à part *.

Pristi ! voilà une belle gaillarde !

LA BIRETTE, à Pigeonnier.

C'est ici qu'on se loue?

PIGEONNIER.

Oui, ma fille.

LA BIRETTE.

C'est-y vous qu'êtes le monsieur qui griffonne les papiers?

PIGEONNIER.

Oui, je suis le notaire... et j'ai justement besoin d'une cuisinière... sais-tu écrire ?

LA BIRETTE.

Très-bien ! Papa était arpenteur !

PIGEONNIER.

Ça suffit. (A part.) Au besoin, j'en ferai un petit clerc ! (Haut.) Pourquoi as-tu quitté ton ancien maître?

LA BIRETTE.

J'vas vous dire... j'étions en service avec un âne rouge...

PIGEONNIER.

Avec un âne rouge?

LA BIRETTE.

Mais non ! un gars mal peigné, bête et lourd, qui ne m'a pas fait tant seulement un compliment dans toute l'année.

PIGEONNIER.

Ah ! bien... un rustaud...

LA BIRETTE.

Un pataud ! Nous n'étions jamais d'accord... Chez le fermier Grivet, où nous étions, on nous donnait à tous les repas des choux et du lard... et lui, il voulait toujours manger

---

* Pigeonnier, La Birette.

le lard, et me laisser les choux... Alors, comme je l'aime aussi le lard, nous nous tapions... J'avais queuquefois le dessus... et queuquefois le dessous... quand y me prenait en traître... ce qui fait que je m'ai dit : « V'là la loue... je file; je ne veux pas moisir avec ce gars-là... » Et me v'là.

PIGÉONNIER.

Et te v'là !...

LA BIRETTE.

Air nouveau de M. J. NARGEOT.

Oui-dà ! (bis.)
Me v'là !
C'est La Birette qu'on me nomme,
J'aurons vingt ans aux haricots ;
J' puis dir' que j' n'ai pas peur d'un homme,
Je tape dru... je mange gros.
Remerciant Dieu d' m'avoir fait naître,
Je n'engendre point le chagrin,
Et j' me vantions de mieux connaître
L' boulanger que le médecin.
Tout comme une autr', les jours de fête,
J'aimions à danser... mais faut pas
Qu'un garçon vaniteux m'embête...

Avec un geste de main.

Ou ben j' te le r'mettions au pas.
C'est comm' ça !
Mais, oui-dà,
La Birette, la voilà ! (bis.)
C'est comm' ça !
La voilà !

Pigeonnier passe à droite, en examinant La Birette.

PIGEONNIER, à part. *

Bien établie !... et elle a des mœurs ! (Haut.) Combien veux-tu gagner ?

LA BIRETTE.

Quoi que vous donnez ?...

PIGEONNIER.

Vingt-cinq écus !

LA BIRETTE.

Vingt-cinq écus... une fille bâtie comme ça... qu'aura vingt ans aux haricots ?... Mettez-en trente...

PIGEONNIER.

Non... vingt-huit...

LA BIRETTE.

Allez... barbouillez vot' papier tout de même.

Pigeonnier va à son bureau.

---

* La Birette, Pigeonnier.

PIGEONNIER, lui donnant vingt sou *s.

Tiens, voilà pour les arrhes...

LA BIRETTE.

Un franc!... C'est trois francs d'usage.

PIGEONNIER.

Eh bien! un franc que je te donne... et deux que je retiens...

LA BIRETTE.

Pourquoi que vous retenez?...

PIGEONNIER.

Pour l'acte!... mes honoraires!

LA BIRETTE.

Ah! (A part.) Il est chien... (Au moment de signer.) Y a-t-il un dédit?

PIGEONNIER.

Un dédit de quarante écus... des deux parts... Allons, signe... (Elle signe.) Va chercher ton paquet... et reviens tout de suite...

LA BIRETTE.

Oui, not' maître... (A part.) Oh! il est chien!...

PIGEONNIER, se levant.

Allons, plus de contrats à signer... mes amis, à ce soir, à l'assemblée!

ENSEMBLE.

Air de *Ma Nièce et mon Ours.*

PAYSANS, PAYSANNES, LA BIRETTE.
A nos engagements,
Songeons bien à rester fidèles ;
De nos places nouvelles,
Puissions-nous être tous contents.

PIGEONNIER, MAITRES et MAITRESSES.
A vos engagements,
Songez bien à rester fidèles ;
De vos places nouvelles,
Puissiez-vous être tous contents.

Tout le monde sort par le fond, excepté Pigeonnier, qui ferme la porte après leur sortie.

SCÈNE IV

PIGEONNIER, puis LEGALOUX.

PIGEONNIER, revenant à son bureau et rangeant son argent.

Ah! c'est fini!... Je suis content de mon acquisition; une

---

* Pigeonnier, La Birette.

gaillarde d'aplomb... une rude fille... Avec tout ça, il me manque un domestique mâle... Oh! je trouverai ça ce soir à l'assemblée. (On frappe à la porte du fond, et, sans se lever.) Entrez!

LEGALOUX, entrant par le fond *.
La loue, s'il vous plaît?

PIGEONNIER.
Vous venez trop tard!

LEGALOUX.
Elle est *finite*? Nom d'un nom!

PIGEONNIER.
Il fallait vous lever plus tôt!

LEGALOUX,
C'est pas ma faute... c'est les corbeaux!... Oh! les gueux de corbeaux!

PIGEONNIER.
Quoi! les corbeaux?

LEGALOUX.
Figurez-vous que j'ons parti ce matin à quatre heures pour arriver le premier... mais v'là qu'en débouchant de la taille au Grand-Bossu, j'apercevons trois corbeaux qui picotions dans un champ d'*aveine*.

PIGEONNIER.
Eh bien?

LEGALOUX.
Tout le monde sait qu'il ne faut jamais passer devant trois corbeaux... ça porte malheur, c'est de la tristesse!

PIGEONNIER, de bonne foi.
Je l'ai entendu dire... mais je ne l'ai jamais expérimenté... Eh bien, qu'as-tu fait?

LEGALOUX.
Je m'ai assis en attendant qu'ils partent ou qu'il en vienne un quatrième... parce que quatre, ça porte bonheur, c'est de la richesse...

PIGEONNIER.
Tout le monde sait ça!

LEGALOUX.
Pour lors, au bout d'une heure, quand j'ai vu qu'ils ne voulions pas s'envoler... je m'ai levé...

PIGEONNIER.
Et tu as frappé dans tes mains pour les faire partir?

LEGALOUX.
Oh! non!... Ah! sapredié! j'avons pas pensé à ça!

* Pigeonnier, Legaloux.

PIGEONNIER.

C'est pourtant bien simple... avec un peu de présence d'esprit...

LEGALOUX.

J'avons rebroussé chemin tout doucement, tout doucement, et j'avons été faire un grand détour d'une lieue... v'là pourquoi ça m'a retardé !

PIGEONNIER, l'examinant à part, en se levant.

C'est une brute !... mais il a l'air solide... (Haut, et lui tâtant les bras.) Es-tu fort ?   Il passe à droite en le regardant.

LEGALOUX *.

Je monte mon sac au grenier... Est-ce que vous voulez de mé ?

PIGEONNIER.

Sais-tu écrire ?

LEGALOUX.

Oh ! oui... ça ne m'embarrassions pas...

PIGEONNIER, à part.

Ça me fera un clerc de rechange. (Haut.) Et pourquoi as-tu quitté ta place ?...

LEGALOUX.

Ah ! voilà... J'étions en service avec une bourrique...

PIGEONNIER.

Comment ?

LEGALOUX.

Oui... une fille hargneuse... Elle me fichait des coups à la journée...

PIGEONNIER.

Et tu te laissais battre, toi, un homme qui monte son sac ?

LEGALOUX.

Dame, elle montait le sien aussi... sans souffler, et puis, elle était rageuse... et elle vous avait des ongles !... tandis que moi je ronge les miens... C'est une gourmandise de naissance.

PIGEONNIER.

Voyons ! veux-tu quinze écus ?

LEGALOUX.

Quinze écus ! le prix d'un veau !.. J'en demandions trente.

PIGEONNIER.

J'en demandions ! j'en demandions ! Il fallait arriver ce matin, tu les aurais peut-être trouvés... moi, si je te prends, c'est pour t'obliger...

---

* Legaloux, Pigeonnier.

SCÈNE QUATRIÈME

LEGALOUX.
Vous êtes bien honnête... mais quinze écus...
PIGEONNIER.
Allons, mettons dix-huit...
Il va se rasseoir à son bureau.
LEGALOUX *.
Dix-huit écus! un homme qui monte son sac! Guerdins de corbeaux!
PIGEONNIER, lui présentant un papier.
Tiens, signe !
LEGALOUX.
Voilà !... Et les arrhes ?... C'est trois francs.
PIGEONNIER.
Je les garde pour l'acte et mes honoraires.
LEGALOUX.
Mais, d'usage, ce n'est que deux francs, vot' papier.
PIGEONNIER.
Le matin; mais à la lumière c'est plus cher !
LEGALOUX.
Mais puisque vous n'avez pas allumé?
PIGEONNIER.
Est-il bête, puisqu'il fait encore jour !
LEGALOUX, convaincu.
Ah ! c'est juste !
Il signe.
PIGEONNIER, à part, prenant le papier.
J'ai stipulé un dédit de quarante écus... (Haut, et se levant.) Tu t'appelles... (Essayant de déchiffrer la signature.) Lega... Lega...
LEGALOUX.
Legaloux...
PIGEONNIER.
Ah ! je n'aime pas ce nom-là !... Enfin... ôte tes sabots et ne fais pas de bruit... ma femme est indisposée...
LEGALOUX, ôtant ses sabots.
Ah ! Quoi qu'elle a?
PIGEONNIER.
C'est une érosion du tibia... Tu comprends...
LEGALOUX.
Oui, oui, oui... je sais ce que c'est... C'est la bile !
PIGEONNIER.
Je monte la retrouver... Prends ce balai et balaie l'étude... sans faire de poussière.
LEGALOUX, prenant le balai au fond.
Oui, not' maître.

* Pigeonnier, Legaloux.

PIGEONNIER, de la porte.

Sans faire de poussière !

Il sort par la gauche.

SCÈNE V

LEGALOUX, puis LA BIRETTE.

LEGALOUX.

Il veut que je balaie sans faire de poussière... (S'appuyant sur son balai.) Comment que j'allons m'y prendre?... Si je ne balayions pas du tout?... (On frappe à la porte du fond.) Entrez !

LA BIRETTE, entrant avec son paquet *.

Me v'là !

LEGALOUX.

La Birette !

LA BIRETTE.

Legaloux !

Elle pose son paquet sur le buffet.

LEGALOUX.

Quoi que tu viens faire ici?

LA BIRETTE.

J' te cherche pas, c' qu'il y a de sûr... J'avons quitté ma place pour ne plus te voir, et je m'ons arrangé avec le notaire.

LEGALOUX.

Ah ! nom d'un tambour, moi aussi !

LA BIRETTE.

Comment ! t'es de la maison ?

LEGALOUX.

A preuve que j'ai le balai !...

LA BIRETTE.

Eh bien, c'est du propre ! Nous v'là encore attachés un an ensemble !

LEGALOUX, à part.

Qué guignon ! c'est les corbeaux ! Oh ! les gueux de corbeaux !

LA BIRETTE.

Ah ! mais, cette fois, tu ne mangeras pas tout le lard !

LEGALOUX.

Si, que je le mangerai !

LA BIRETTE, le menaçant.

Toi, méchant carnassier ?

* La Birette, Legaloux.

SCÈNE SIXIÈME

LEGALOUX.

Ne touche pas!

LA BIRETTE.

Attends, je vas té faire ton affaire!

Elle marche sur lui.

LEGALOUX, levant son balai.

A bas les ongles, ou je tape!

LA BIRETTE, saisissant un bout du balai.

Tape donc, gringalet!

LEGALOUX, tirant de son côté.

Veux-tu lâcher ça! (Criant.) Veux-tu bien lâcher!

LA BIRETTE.

Non, t'auras ton compte! (Elle lui arrache le balai avec lequel elle le frappe.) Tiens, tiens, méchant *moigneau!*

LEGALOUX, parant les coups et criant.

Oh! la, la! oh! la, la!

SCÈNE VI

LES MÊMES, PIGEONNIER, puis BOUSSERONDE, puis HORTENSE.

PIGEONNIER, entrant vivement par la gauche *.

Quel vacarme!... Comment! ils se battent! Voulez-vous bien finir!

LA BIRETTE, à Pigeonnier.

C'est l'âne rouge!

Elle lui met le balai dans les mains.

LEGALOUX, de même.

C'est la bourrique... de chez le père Grivet...

PIGEONNIER.

Ah! diable!

LA BIRETTE, allant prendre son paquet.

Je restions pas ici, je voulions m'en aller.

LEGALOUX.

Moi itou.

PIGEONNIER.

Minute! minute! (A part.) Une fille superbe!... un garçon de dix-huit écus! (Haut.) Payez-vous le dédit?

LA BIRETTE.

J'ons que vingt-sept sous...

LEGALOUX.

Et moi neuf...

* Legaloux, Pigeonnier, La Birette.

PIGEONNIER.

J'en suis bien fâché, mais je vous garde... Battez-vous, disputez-vous, mais sans faire de bruit... vu que ma femme est malade... et que mon neveu dort... (Apercevant Bousseronde qui entre par la gauche.) Ah! voici le parrain...

La Birette et Legaloux le reconnaissent.

LA BIRETTE et LEGALOUX [*].

Tiens !

BOUSSERONDE, les voyant.

Oh! (A part.) Qu'est-ce qu'ils font ici, ceux-là?

LA BIRETTE, le saluant.

Bonjour, monsieur !...

LEGALOUX, le saluant.

Et l'état de votre santé?

PIGEONNIER, qui a posé le balai.

Vous connaissez mes nouveaux domestiques?

BOUSSERONDE, passant près de La Birette [**].

Ah! ce sont?... Oui, je les ai vus quelquefois...

LA BIRETTE.

Je crois bien! monsieur venait tous les jours à la ferme.. boire du lait...

LEGALOUX.

Avec sa femme... même qu'il la poursuivait dans tous les coins...

BOUSSERONDE, très-contrarié.

C'est bien, c'est bien! (A Pigeonnier.) Partons-nous?

PIGEONNIER.

Dès que votre femme sera là.

LA BIRETTE, à Bousseronde.

Et elle va bien, madame votre épouse?

BOUSSERONDE, cherchant à la faire taire.

Très-bien! très-bien!

PIGEONNIER, voyant entrer Hortense par la gauche.

Ah! la voilà!

LA BIRETTE et LEGALOUX, étonnés [***].

Ah bah !   Bousseronde s'évertue à les faire taire.

LA BIRETTE, à part.

Ce n'est pas celle-là!

LEGALOUX, à part.

Eh bien, et l'autre, c'était donc sa bonne amie?

Il étouffe un éclat de rire.

---

[*] Bousseronde, Pigeonnier, La Birette, Legaloux.
[**] Pigeonnier, Bousseronde, La Birette, Legaloux.
[***] Pigeonnier, Hortense, Bousseronde, La Birette, Legaloux.

SCÈNE SIXIÈME

LA BIRETTE, donnant une poussée à Bousseronde.

Vieux farceur !.. va !...

BOUSSERONDE, à part.

Ah ! c'est ennuyeux !

HORTENSE.

Eh bien, qu'attendons-nous ?

PIGEONNIER.

Nous partons... La Birette !

LA BIRETTE.

Not' maître !

PIGEONNIER.

Va chercher le petit...

BOUSSERONDE, vivement.

Non !... pas elle !... (A part.) Si elle reconnaissait sa femme, tout serait perdu...

PIGEONNIER.

Pourquoi ?

BOUSSERONDE.

Elle a des sabots... Le bruit...

PIGEONNIER.

C'est juste !... Legaloux va y aller... il a des chaussons !...

BOUSSERONDE, vivement.

Non, pas lui non plus !... Il ne sait pas tenir les enfants...

LEGALOUX.

C'est vrai que les poupards...

BOUSSERONDE.

J'y vais moi-même...

Il sort par la gauche.

PIGEONNIER, à La Birette et Legaloux, en leur indiquant la porte à droite [*].

Vous, entrez là... dans la cuisine... et mettez tout en ordre...

LA BIRETTE, son paquet à la main.

Oui, not' maître... (A Legaloux.) Marche donc, toi !

Elle le pousse.

LEGALOUX, se retournant.

Pourquoi que tu me flanques tes sabots dans les jambes ?

LA BIRETTE, le poussant toujours.

Passe donc... animal !

Ils entrent à droite en continuant à se disputer.

---

[*] Hortense, Pigeonnier, Legaloux, La Birette.

SCÈNE VII

HORTENSE, PIGEONNIER, puis LEGALOUX.

PIGEONNIER.

Enfin, nous sommes seuls... Hortense, les moments sont précieux!...

Il lui prend la main et veut l'embrasser.

HORTENSE, la retirant vivement.

Mon mari va revenir...

PIGEONNIER.

Ne craignez rien...

Air d'Yelva.

D'un cœur épris je vous offre l'hommage ;
Autour de nous tout se tait...

Il s'arrête, en entendant un grand bruit de vaisselle cassée.

Sapristi ! qu'est-ce qu'ils font donc ? (Criant.) Voulez-vous bien finir ?

LEGALOUX, passant sa tête à la porte de droite*.

M'sieu !... c'est elle qui m'a flanqué une gifle !

PIGEONNIER.

Eh bien, rends-la-lui.... sans rien casser...

LEGALOUX.

Bien, m'sieu.

Il disparait.

HORTENSE, à Pigeonnier.

Soyez prudent.

PIGEONNIER, revenant à Hortense.

Où en étais-je ? Ils m'ont fait perdre le fil... (Se souvenant.) Ah !

Reprenant.

D'un cœur épris, je vous offre...

Nouveau bruit de vaisselle cassée.

Encore !

LEGALOUX, passant sa tête de nouveau.

M'sieu ! c'est elle qui me l'a rendue !

PIGEONNIER.

Elle a bien fait ! Tu m'ennuies, va-t'en !

LEGALOUX.

Bien, m'sieu.

Il disparait.

* Hortense, Pigeonnier, Legaloux.

SCÈNE SEPTIÈME

PIGEONNIER, revenant à Hortense.

Ils sont enragés, ces animaux-là !

LA BIRETTE, en dehors.

Eh ! tiens donc ! eh ! tiens donc !...

LEGALOUX, se précipitant en scène en se tenant les reins *.

Oh ! la, la ! oh ! la, la !

PIGEONNIER, furieux.

Qu'est-ce qu'il y a encore ?

LEGALOUX.

C'est elle qui m'a flanqué...

PIGEONNIER.

Un coup de pied ?

LEGALOUX.

Non ! c'est avec le pain... un pain de six livres !

PIGEONNIER, passant à droite **.

Ah ! mais, je n'entends pas que mon pain serve à cet usage-là !... un jour où j'ai du monde à dîner !

LEGALOUX.

Ce n'est pas ma faute....

PIGEONNIER.

Si, c'est ta faute ! A-t-on jamais vu un nigaud pareil ? Il se trouve avec la plus jolie fille du pays, et il se bat avec elle !

LEGALOUX, étonné.

La Birette... jolie ?...

HORTENSE.

Certainement... une figure charmante... des yeux superbes...

LEGALOUX, étonné.

La Birette !... Ah bah !

HORTENSE.

De beaux cheveux !... une petite bouche...

LEGALOUX.

Pas quand elle mange le lard...

HORTENSE.

Enfin, c'est une très-jolie fille...

LEGALOUX.

Après ça, c'est bien possible... J' l'ons jamais regardée qu'entre deux gifles...

PIGEONNIER.

Dans tous les cas, rappelle-toi bien ce que je vais te dire...

LEGALOUX.

Oui, not' maître...

** Hortense, Pigeonnier, Legaloux.
*** Hortense, Pigeonnier, Legaloux.

PIGEONNIER.

Je tiens à ma vaisselle, et je te déclare que tout ce qui se cassera te sera retenu sur tes gages...

LEGALOUX.

Mais si c'est La Birette qui casse...

PIGEONNIER.

Tant pis!... c'est toi qui payeras... Arrange-toi pour ne pas la contrarier...

Il passe près d'Hortense *.

LEGALOUX.

Mais me v'là ruiné!... elle est cassante comme tout!...

HORTENSE.

Il est si facile de s'entendre avec une jolie fille...

LEGALOUX.

Avec La Birette?... Ah! oui!...

Bousseronde rentre par la gauche portant l'enfant emmaillotté.

SCÈNE VIII

Les Mêmes, BOUSSERONDE.

BOUSSERONDE **.

Nous voilà!

PIGEONNIER.

Ah! monsieur mon neveu!...

BOUSSERONDE.

Il dort!

HORTENSE.

Donnez-le-moi.

Elle prend l'enfant.

PIGEONNIER, à Legaloux.

Toi, reste ici.

LEGALOUX.

Oui, not' maître... (A part.) J' vas veiller à c' que La Birette n' cassions rien...

BOUSSERONDE.

Partons!

PIGEONNIER, radieux.

C'est le moment de chanter, comme dans *la Dame blanche*.

Chantant à pleine voix.

Sonnez, sonnez...

* Hortense, Pigeonnier, Legaloux.
** Bousseronde, Hortense, Pigeonnier, Legaloux.

SCÈNE NEUVIÈME

BOUSSERONDE.

Chut donc !

HORTENSE.

Vous allez le réveiller.

PIGEONNIER.

C'est juste... A demi-voix.

Tous se mettent à chanter à demi-voix.

ENSEMBLE.

Sonnez, sonnez, cor et musette,
Les montagnards sont réunis !
Car un baptême est une fête
Pour les parents, pour les amis.

Ils sont sortis par le fond au milieu du chœur, en chantant tout doucement et en marchant sur la pointe des pieds, de telle sorte que le morceau s'éteint dans la coulisse.

SCÈNE IX

LEGALOUX, puis LA BIRETTE.

LEGALOUX.

Mais c'est injuste comme tout !.. si c'est La Birette qui casse, c'est moi qui paye !... Je ne sais pas ce qu'ils ont à la trouver jolie... Faudra pourtant que je l'examine. (Apercevant La Birette qui entre.) La v'là !

LA BIRETTE, *entrant par la droite, avec une marmite en faïence sur laquelle est un plat* *.

Jarnigué !... que c'est lourd !

LEGALOUX.

Voulez-vous que je vous aide ?

LA BIRETTE.

Toi, fiche-moi la paix !

LEGALOUX, *prenant la marmite.*

Que ça me fait plaisir ! (A part.) Comme ça, elle ne laissera pas tomber la marmite. (Haut.) Tiens, des choux et du lard !

LA BIRETTE, *prenant le plat et le mettant sur la table.*

Ne touche pas au lard !

LEGALOUX.

Je le regarde... *Il va poser la marmite sur la table.*

LA BIRETTE **.

Est-y ivrogne de lard, c't homme-là ! Prends les couverts et moi les assiettes. *Elle va au buffet.*

---

* Legaloux, La Birette.
** La Birette, Legaloux.

LEGALOUX.

Non, pas vous les assiettes ! *Il court au buffet.*

LA BIRETTE.

Alors, je vas prendre les verres.

LEGALOUX.

Non ! pas vous les verres ! (Lui donnant les couverts et le pain). Prenez les couverts, le pain... (A part.) Les verres, c'est trop cassant ! (Il apporte les assiettes et les verres. — Haut.) Tenez, reposez-vous, *assoyez*-vous.

LA BIRETTE, qui a mis sur la table les couverts et le pain.

Eh bien, donne-moi une chaise !

LEGALOUX, à part.

Ah ! non ! une chaise... ce n'est pas de la faïence.

LA BIRETTE, frappant sur une assiette.

Est-ce pour aujourd'hui ?

LEGALOUX, apportant une chaise *.

Voilà ! (A part.) Faut pas l'asticoter. (La regardant.) Y en a tout de même de plus laides qu'elle... (Haut.) V'là votre chaise...

LA BIRETTE.

Ah ! tu cèdes, parce que tu as peur...

LEGALOUX.

Non... je cède, parce qu'un particulier bien élevé doit toujours céder à une jolie femme... et que vous êtes une jolie femme... à ce qu'ils disent..

Il va se placer debout à la table, en face de La Birette.

LA BIRETTE, étonnée et à part **.

Tiens ! qu'est-ce qu'il a donc ?... C'est la première fois...

Elle sert la soupe.

LEGALOUX, à part.

Je la flatte pour qu'elle ne cassions rien !

Il mange debout.

LA BIRETTE.

Assieds-toi donc... Quand tu resteras là, planté sur tes ergots !

LEGALOUX, galamment.

Après vous, belle Birette.

LA BIRETTE, à part.

Encore !

Elle s'asseoit et Legaloux aussi. Ils mangent.

LEGALOUX, à part.

C'est vrai qu'elle est agréable à l'œil... quand elle est habillée.

---

* Legaloux, La Birette.
** La Birette, Legaloux.

SCÈNE NEUVIÈME

LA BIRETTE, à part.

Y veut m'amadouer pour avoir le lard... (S'armant de la fourchette.) Mais s'il y met la main, je tape dessus !

LEGALOUX, à part.

Op ! oui, qu'elle est belle ! J'éprouve un frisson. (Haut, avec compassion.) Mam'selle, voulez-vous du lard ?

LA BIRETTE, étonnée.

Il m'offre du lard !

Sa fourchette lui échappe des mains et tombe dans son assiette.

LEGALOUX, vivement.

Est-elle cassée ?

LA BIRETTE.

Non... Certainement, monsieur Legaloux, je suis sensible à votre offre... mais je sais combien vous l'aimez... prenez-le !

LEGALOUX, à part, étonné.

Hein ?

LA BIRETTE.

Je mangerai les choux...

LEGALOUX, avec dignité.

Non, mam'selle ! l'homme qui se trouve à une table... en face d'une femme... et qui lui laisse les choux... est indigne de vivre.

LA BIRETTE.

Tiens ! c'est gentil ce que vous dites là ! Eh bien, voulez-vous faire une chose ? Partageons !

LEGALOUX, à part.

C'est une femme qu'a de ça !

Il met la main sur son cœur.

LA BIRETTE, qui a coupé le lard, lui en offrant un morceau.

Tenez !

LEGALOUX, refusant.

Pardon, ce morceau est le plus gros...

LA BIRETTE.

Ça ne fait rien... vous êtes un homme !

LEGALOUX.

Je n'accepterai point... vous êtes une femme...

LA BIRETTE, s'impatientant et frappant sur l'assiette avec son couteau.

Mais prenez donc... puisque je vous en prie

LEGALOUX, prenant le morceau de lard.

Histoire de vous obéir... et de ne point casser l'assiette.

LA BIRETTE, mangeant.

Mais qu'avez-vous donc aujourd'hui ?... On dirait presque que vous êtes galant !

LEGALOUX, mangeant.

On l'est dans ses petits moyens. (A part.) C'est vrai qu'elle vous a des yeux !

LA BIRETTE.

Comme vous v'là changé !...

LEGALOUX.

Il y a comme ça, dedans la vie de l'homme, des moments où qu'il se change complétement... à l'exemple de la chenille, qu'elle devient un papillon...

LA BIRETTE, allant chercher un pot sur le buffet.

Tiens, vous n'êtes pas bête, vous ! Je vous aime bien mieux comme ça... (Revenant à la table.) Voulez-vous de la piquette ?

LEGALOUX.

Je me servirai moi-même..

LA BIRETTE, frappant sur le pot avec son couteau.

Acceptez donc !

LEGALOUX.

Histoire de vous obéir... et de ne pas casser la faïence... (Elle verse.) A vot' santé, mam'selle !...

LA BIRETTE, se rasseyant.

A la vôtre, monsieur Legaloux !...

Ils boivent.

LEGALOUX, se levant, tirant un pain d'épice de sa poche et passant à gauche *.

Mam'selle... une politesse en vaut une autre... Si vous voulions m' permettre de vous offrir un morceau de pain d'épice... que j'ons acheté c' matin en passant d'vant l'assemblée...

LA BIRETTE.

Oh ! mais vous êtes trop bon !...

LEGALOUX.

Dame, quand on étions pour être à vivre ensemble...

LA BIRETTE, se levant.

C'est vrai tout de même... Encore un an à nous voir tous les jours...

LEGALOUX.

Et si vous l' voulions, qu' nous pourrions nous entendre... pour vivre en bons amis... en frère z-et sœur... pour ne rien casser...

LA BIRETTE.

J' demandions pas mieux.

LEGALOUX.

Vrai de vrai... que vous ne briseriez plus rien de rien ?...

* Legaloux, La Birette.

SCÈNE DIXIÈME

LA BIRETTE.

Dame !... c'est pas si amusant de se disputer toujours... (Minaudant.) Et pour vous prouver que je vous en voulions plus, j' vous permettions de m'embrasser...

LEGALOUX.

Ah bah ! (A part.) C'est qu'elle est rudement jolie !... (Haut, s'essuyant la bouche avec sa manche, et faisant des façons.) Oh ! mam'selle !...

LA BIRETTE.

Allez donc !...

LEGALOUX, après l'avoir embrassée.

Ça y est... C'est joliment bon tout de même !... (Avec embarras.) Et si j'osais vous demander la récidive ?...

LA BIRETTE.

Dame ! si ça vous fait plaisir...

LEGALOUX, passant à la droite *.

Oh ! v'oui... oh ! v'oui !...

Il l'embrasse à plusieurs reprises, au moment où Pigeonnier, Bousseronde et Hortense rentrent par le fond, Hortense tenant l'enfant emmaillotté.

SCÈNE X

Les Mêmes, PIGEONNIER, BOUSSERONDE, HORTENSE.

PIGEONNIER, BOUSSERONDE, HORTENSE.

Hein !

LEGALOUX et LA BIRETTE, confus s'éloignant **.

Oh ! not' maître !...

PIGEONNIER, riant.

J'aime mieux ça... ça ne casse rien... et ça ne fait pas de bruit...

BOUSSERONDE, riant aussi.

Ils se bécotaient...

HORTENSE.

C'est d'un sans-gêne... d'une inconvenance !... (A La Birette.) Tenez, mademoiselle, reportez l'enfant dans son berceau !...

BOUSSERONDE, se précipitant et le prenant.

Non, non, moi... c'est au parrain à le réintégrer dans sa couche... (A part.) J'ai eu une frayeur...

Il entre à gauche.

* La Birette, Legaloux.
** La Birette, Bousseronde, Hortense, Pigeonnier, Legaloux.

HORTENSE, à La Birette et à Legaloux qui débarrassent la table*.

Emportez donc ces choux... c'est une odeur insupportable !...

PIGEONNIER.

Oui... et, une autre fois, rappelez-vous que c'est à la cuisine que vous devez dîner... et non pas ici... dans mon étude...

LA BIRETTE.

Oui, not' maître !

Elle ôte le couvert, qu'elle porte à mesure dans la cuisine.

PIGEONNIER.

Legaloux !...

LEGALOUX.

Not' maître ?...

PIGEONNIER.

Tu vas aller à la pharmacie de monsieur Bousseronde...

HORTENSE.

La première rue à droite, à côté du coiffeur...

LEGALOUX.

A côté du coiffeur !...

PIGONNIER.

Tu demanderas un paquet de chiendent... pour faire de la tisane à ma femme...

LEGALOUX.

Du chiendent !... de quoi que mangent les petits chiens... pour se rafraîchir ?... Oui, not' maître...

PIGEONNIER.

Et reviens vite...

LEGALOUX, regardant La Birette et lui envoyant des baisers.

N' craignez rien... je ne serai pas long...

PIGEONNIER, surprenant leurs baisers.

Eh bien !

LEGALOUX.

V'là, not' maître !...

Il sort par le fond. La Birette est entrée à droite.

SCÈNE XI

PIGEONNIER, HORTENSE, puis BOUSSERONDE.

HORTENSE.

Ils s'envoyaient des baisers !

*. Hortense, Pigeonnier, Legaloux, La Birette.

SCÈNE ONZIÈME

PIGEONNIER.

Ils roucoulent... J'aime mieux ça que de les entendre se disputer... et puis, c'est si naturel!... (Amoureusement à Hortense.) Tout roucoule dans la nature... depuis l'oiseau des champs qui roucoule dans le bocage.. jusqu'à moi qui roucoule auprès de vous... chère Hortense!

HORTENSE, vivement en voyant entrer Bousseronde par la gauche.

Mon mari!...

BOUSSERONDE *.

Le petit dort... (A Hortense, en allant à elle**.) Si nous profitions de ce que nous sommes habillés pour faire une visite à la femme de l'adjoint?...

HORTENSE, regardant Pigeonnier.

Oh! allez-y seul...

BOUSSERONDE.

Ce n'est pas convenable. D'ailleurs, tu as ta robe de soie, je ne suis pas fâché qu'elle te la voie...

HORTENSE.

Dame! si vous l'exigez...

BOUSSERONDE, à Pigeonnier.

Nous serons ici pour le dîner.

PIGEONNIER.

J'y compte bien... (Saluant Hortense.) Sans adieu!

HORTENSE.

A bientôt!

ENSEMBLE.

Air : *L'occasion est solennelle.*

BOUSSERONDE, HORTENSE.
Allons rendre notre visite;
C'est un devoir, mais quel ennui!
Après, nous revenons bien vite
Dîner avec vous aujourd'hui.

PIGEONNIER.
Allez rendre votre visite;
C'est un devoir, c'est un ennui.
Après, vous reviendrez bien vite
Avec moi dîner aujourd'hui.

Bousseronde et Hortense sortent par le fond.

---

* Bousseronde, Pigeonnier, Hortense.
** Pigeonnier, Bousseronde, Hortense.

SCÈNE XII

PIGEONNIER, puis LA BIRETTE, puis LEGALOUX.

PIGEONNIER.
Cette femme est splendide!... Décidément j'en suis fou!..
Je vais lui faire faire un plat sucré. (Appelant.) La Birette!

LA BIRETTE, paraissant sur le seuil de la cuisine *.
Not' maître?... C'est que je faisions le dîner.

PIGEONNIER.
Ne te dérange pas... Tu prépareras un bouillon pour ma femme... et tu l'apporteras quand je te sonnerai...

LA BIRETTE.
Oui, not' maître...

PIGEONNIER.
Ensuite, tu nous feras un plat sucré.

LA BIRETTE, étonnée.
Un plat sucré!... Quoi que c'est que ça?

PIGEONNIER.
Un plat sucré... avec du sucre!...

LA BIRETTE.
Ah! bien!... (A part.) J'ons des *nantilles*, j'mettrai du sucre dedans...

Elle rentre dans sa cuisine.

PIGEONNIER.
Cette douceur lui fera plaisir. (Voyant entrer par le fond Legaloux, qui tient un paquet enveloppé dans du papier.) C'est le chiendent!... Pose-le là... J'entre chez ma femme!

Il entre à gauche.

SCÈNE XIII

LEGALOUX, puis LA BIRETTE.

LEGALOUX.
L' chiendent?... Nom de nom, je l'ai oublié!... Au lieu d'aller chez l'apothicaire, j'étions entré chez l'perruquier!... (Otant son chapeau et montrant sa tête frisée.) V'là la chose... cinq centimes de frisure... et cinq centimes de pommade... à la tubéreuse... qu'est une plante d'Amérique qu'a la forme d'un oignon... Faut pas être regardant avec les femmes... En revenant, j'ons fait connaissance avec le jardin, et j'ons cueilli toutes les roses... (Déployant son papier.) Ça c'est un bouquet...

---

* Pigeonnier, La Birette.

SCÈNE TREIZIÈME

à l'intention de La Birette, qu'est véritablement une belle fille...

On sonne à gauche.

LA BIRETTE, entrant par la droite, une tasse à la main *.

Le bouillon, le voilà... (Apercevant Legaloux.) Tiens, c'est vous !. Déjà de retour?

LEGALOUX, balançant sa tête pour montrer sa frisure.

Oui, mam'selle... je m'ai dépêché.

LA BIRETTE.

Ah! vous vous êtes fait friser!... Vous êtes joli tout plein!.. vous avez l'air d'un caniche!

Elle tourne autour de lui et pose sa tasse sur le bureau.

LEGALOUX, radieux, penchant sa tête **.

Et sentez-moi ça...

LA BIRETTE, lui flairant la tête avec délices.

Oh! ça sent-il bon l'oignon!

LEGALOUX.

L'oignon de tubéreuse... qu'est une plante d'Amérique... C'est à votre intention... (Lui offrant son bouquet.) Et ce bouquet tout de même.

LA BIRETTE.

Oh! les belles roses!

Elle en prend une.

LEGALOUX.

C'est vot' image!... Mais prenez donc tout!

On sonne de nouveau.

LA BIRETTE, allant prendre le bouillon.

Voilà!

LEGALOUX, posant le bouquet sur la table.

Oh! ne vous en allez point encore.

LA BIRETTE.

C'est le bouillon de la bourgeoise... Au fait, il est trop chaud.

Elle le goûte.

LEGALOUX.

Voyons voir...

Il prend la tasse et goûte aussi.

LA BIRETTE.

Eh bien, quoi que vous faites?

LEGALOUX, avec sentiment.

Je pose mes lèvres où que vous avez bu.

Il goûte encore.

* Legaloux, La Birette.
** La Birette, Legaloux.

LA BIRETTE.

Mais finissez donc!...

LEGALOUX, allant poser la tasse sur le buffet.

Faut le laisser refroidir. (Apercevant les dragées sur le buffet, et ouvrant la boite *.) Tiens, c'est des dragées!...

LA BIRETTE.

Pour le baptême du petit.

LEGALOUX, lui présentant la boîte.

Et si vous voulez m'honorer d'en prendre...

LA BIRETTE, en prenant une.

Merci, monsieur Legaloux...

LEGALOUX.

Rien qu'une?... Prenez donc... ne vous gênez pas!

LA BIRETTE, en prenant.

Ce n'est pas que je me gêne... mais après les choux...

LEGALOUX, en prenant une poignée, qu'il met dans les poches du tablier de La Birette.

Ça sera pour ce soir à l'assemblée...

Il met la boîte sur la table.

LA BIRETTE **.

Nous irons?...

LEGALOUX.

J' vous offrons mon bras...

On entend sonner.

LA BIRETTE.

Pristi! qu'il est embêtant!

Elle va pour remonter.

LEGALOUX, la retenant.

Il est trop chaud!... (Galamment.) Et que si vous voulions m' favoriser d'une contredanse?...

LA BIRETTE.

De deux même... et de plus encore...

LEGALOUX, joyeux.

Vrai de vrai!...

ENSEMBLE.

Air nouveau de M. J. Nargeot.

Ah! ah! ah! (4 fois.)
De ce plaisir-là
J' sommes heureux d'avance;
J' voudrais, quand j'y pense,
Qu' ça soyons déjà!

* Legaloux, La Birette.
** La Birette, Legaloux.

SCÈNE TREIZIÈME.

LEGALOUX.
C'est si gentil d' danser ensemble,
Surtout quand on est amoureux !...
LA BIRETTE.
On se serr' de tout près... Il semble
Qu'on n' fait plus qu'un, quoiqu' étant deux !
LEGALOUX.
A sa danseuse on cherche à plaire,
On fait pour ell' ses plus beaux pas !
LA BIRETTE.
Et quand l' crin crin vient à se taire,
On s' regarde, et l'on caus' tout bas.

Ils se regardent amoureusement en croquant des dragées, puis se détournent et reprennent l'ensemble en se frottant le dos.

ENSEMBLE.

Ah ! ah ! ah ! (4 *fois*.)
De ce plaisir-là
J' somm's heureux d'avance ;
J' voudrais, quand j'y pense.
Qu' ça soyons déjà !
LEGALOUX *.
D'un verr' de bièr' on offre l'hommage,
Ou bien encore d'un verr' de vin.
LA BIRETTE.
On va causer sous le feuillage...
La nuit est noire, on s' prend la main.

Ils se prennent la main.

LEGALOUX.
Mais v'là qu'une branche s'agite...
On s'rapproche, on se serr' bien fort.

Ils se rapprochent.

LA BIRETTE.
La peur augmente... on est *transile*...
Et v'là qu'on se rapproche encor.

Elle se laisse aller dans les bras de Legaloux tout en croquant des dragées, puis ils se détournent et recommencent à se frotter le dos.

ENSEMBLE.

Ah ! ah ! ah ! (4 *fois*.)
De ce plaisir-là
J' somm's heureux d'avance ;
J' voudrais quand j'y pense,
Qu' ça soyons déjà !

Pigeonnier entre vivement par la gauche.

* Legaloux, La Birette.

SCÈNE XIV

Les Mêmes, PIGEONNIER, puis BOUSSERONDE.

PIGEONNIER *.
Eh bien, ce bouillon?... (Les voyant se frotter le dos.) Ah! ils se frottent le dos.

LEGALOUX et LA BIRETTE, s'éloignant.
Oh! not' maître!...

PIGEONNIER **.
Voilà trois fois que je sonne pour avoir mon bouillon... et je vous trouve là!.... (Il imite le mouvement de se frotter le dos. — Poussant La Birette.) Voyons, quand tu resteras là plantée... pendant une heure!

La Birette remonte à gauche.

LEGALOUX, vivement, allant à Pigeonnier ***.
Ah! ne la tarabustez point!... (Avec sentiment.) C'est un ange!...

PIGEONNIER.
Ce matin, c'était une bourrique, et maintenant...

LEGALOUX, avec extase.
C'est une colombe... aux ailes blanches...

PIGEONNIER.
Imbécile!... (Apercevant le bouquet.) Des roses!... Et pas de chiendent!... (Avec colère.) Tu as cueilli les roses de mon jardin... et les plus belles encore, animal!...

Il lui allonge un coup de pied sans l'atteindre.

LA BIRETTE, se précipitant entre eux ****.
Ah! dites donc, n' le touchez point... J' vous l' défends...

Elle pousse Pigeonnier.

PIGEONNIER.
Qu'est-ce qu'ils ont donc?... Ce matin elle l'assommait...

LA BIRETTE.
Possible!... mais à présent je n' veux pas qu'on y touche!.. (Caressant Legaloux.) C' pauvre garçon... qui s'est fait friser pour moi...

LEGALOUX, penchant sa tête.
A la tubéreuse!

PIGEONNIER, apercevant la boîte de dragées.
Et mes dragées!... (Avec colère.) Ils ont pris mes dragées!...

* Pigeonnier, Legaloux, La Birette.
** Legaloux, Pigeonnier, La Birette.
*** La Birette, Legaloux, Pigeonnier.
**** Legaloux, La Birette, Pigeonnier.

SCÈNE QUINZIÈME

LA BIRETTE.

N' criez donc point... pour queuques méchantes dragées!...

LEGALOUX, fouillant au fond de sa poche et passant près de Pigeonnier.

Pardine!... on va vous les rendre, vos dragées...

PIGEONNIER.

Veux-tu bien... butor!... propre à rien!

BOUSSERONDE, entrant par le fond *

Hein? qu'y a-t-il?

PIGEONNIER.

Ne faites pas attention... (A La Birette.) Porte ce bouillon à ma femme!

La Birette reprend le bouillon.

BOUSSERONDE, effrayé.

Hein?

PIGEONNIER, à Legaloux, lui donnant le bouquet.

Toi, ce bouquet... Tâche de te faire pardonner...

LEGALOUX et LA BIRETTE.

Oui, not' maître!...

BOUSSERONDE.

Permettez... je vais moi-même...

Il se précipite pour prendre le bouillon et le bouquet.

PIGEONNIER, le retenant.

Mais non... mais non... laissez-les faire!... Il faut bien que ma femme connaisse ses nouveaux domestiques... Allez!...

LEGALOUX et LA BIRETTE.

Oui, not' maître!

Ils entrent à gauche.

SCÈNE XV

PIGEONNIER, BOUSSERONDE, puis LEGALOUX
et LA BIRETTE.

BOUSSERONDE, à part.

Perdu!

PIGEONNIER.

Qu'avez-vous donc?

BOUSSERONDE, atterré.

Moi?... Rien... la chaleur... un éblouissement... (A part.) Ils vont la reconnaître... tout va se découvrir!

PIGEONNIER.

Et votre femme... qu'en avez-vous fait?

* La Birette, Legaloux, Pigeonnier, Bousseronde.

BOUSSERONDE.

Elle continue ses visites dans le village... je vais la rejoindre... (A part, apercevant Legaloux et La Birette qui rentrent.) Trop tard!

LA BIRETTE et LEGALOUX, rentrant par la gauche en pouffant de rire, en montrant Pigeonnier au doigt*.

Hi! hi! hi!

PIGEONNIER.

Qu'est-ce qu'ils ont donc?... Eh bien! vous avez vu ma femme?...

LA BIRETTE et LEGALOUX, riant.

Vot' femme?

Ils rient plus fort.

BOUSSERONDE, à part.

Ils l'ont reconnue!

Il remonte.

PIGEONNIER, les voyant rire.

Sont-ils bêtes!... ils me font rire!

Il regarde autour de lui pour savoir de quoi ils rient, et apercevant la figure très-pâle de Bousseronde, il se met à rire comme eux, ce qui augmente encore l'hilarité de La Birette et de Legaloux.

BOUSSERONDE, qui s'est approché de La Birette et de Legaloux, leur glissant de l'argent, bas.

Silence! taisez-vous!...

La Birette et Legaloux s'arrêtent subitement.

LEGALOUX, bas**.

J' comprenions!

LA BIRETTE, bas.

Vieux farceur!

PIGEONNIER, qui a continué de rire, s'arrêtant.

Ah! c'est fini! ce n'est pas malheureux!

BOUSSERONDE, venant à Pigeonnier***.

Vous avez, je crois, de l'eau de mélisse, chez vous?...

PIGEONNIER.

Oui, dans la chambre de ma femme...

BOUSSERONDE.

Je vais en prendre quelques gouttes!... (A part.) Courons la rassurer.

Il entre vivement à gauche. Legaloux et La Birette recommencent à rire en le voyant entrer chez madame Pigeonnier.

* Pigeonnier, Legaloux, La Birette, Bousseronde.
** Pigeonnier, Legaloux, Bousseronde, La Birette.
*** Pigeonnier, Bousseronde, Legaloux, La Birette.

SCÈNE XVI

Les Mêmes, moins BOUSSERONDE.

PIGEONNIER *.

Assez !... assez donc !... Certainement ce pauvre Bousseronde a une bonne tête... mais ce n'est pas une raison... Il ne faut pas rire des gens qui viennent chez moi... c'est malhonnête !...

LA BIRETTE, étouffant son rire.

Oui, not' maître !

LEGALOUX, étouffant son rire.

Oui, not' maître !

PIGEONNIER.

Voyons, occupez-vous du dîner... (Tirant sa montre.) Quatre heures !...

LA BIRETTE.

Quatre heures !

LEGALOUX, à part.

L'heure du rigodon... ça va commencer.

PIGEONNIER.

Eh bien, dépêchez-vous !

LEGALOUX.

Je vas vous dire... c'est qu'aujourd'hui ça ne se peut pas...

LA BIRETTE.

Non !

PIGEONNIER.

Quoi ?... qu'est-ce qui ne se peut pas ?

LEGALOUX.

C'est la fête du pays...

LA BIRETTE.

Et Legaloux m'avions invitée pour la première...

PIGEONNIER.

Eh ben, qué qu'ça me fait ?... Je vas peut-être me passer de dîner ?

LA BIRETTE, ôtant son tablier.

Vous dînerez demain...

Elle jette le tablier à Pigeonnier.

PIGEONNIER.

Ah ! c'est trop fort !... A-t-on jamais vu des animaux pareils !... Ce matin, ils ne pouvaient pas se souffrir... Et maintenant ils passent leur temps à se frotter le dos... à... (Il se

* Pigeonnier, La Birette, Legaloux.

retourne et les aperçoit qui dansent ; avec explosion.) Dieu me pardonne ! ils dansent !

LA BIRETTE.

J'ons des fourmis dans les jambes.

LEGALOUX.

Et moi... dans les *moulets*.

PIGEONNIER, prenant le milieu *.

Voulez-vous bien finir... ou je vous flanque à la porte !

LA BIRETTE, continuant de danser.

Payez l'dédit !

LEGALOUX, dansant aussi.

Les deux dédits !

PIGEONNIER, à part.

Les gredins !... ils me tiennent !... Comment m'en débarrasser ? (Tout à coup.) Ah ! quelle idée ! (Haut, et allant à son bureau.) Eh bien, oui, je te le payerai, ton dédit !

LA BIRETTE **.

Les deux ?

PIGEONNIER.

Non, celui de Legaloux... Voilà ton argent, file !

Il revient au milieu.

LEGALOUX, prenant l'argent, et joyeux***.

Quarante écus !

LA BIRETTE.

Eh ben, et moi ?

PIGEONNIER.

Toi, je te garde !

LEGALOUX, pleurant.

Nous séparer !

LA BIRETTE, de même.

Ne plus nous voir ! J'voulions m'en aller.

PIGEONNIER.

Alors, paye ton dédit.

LA BIRETTE.

Puisque j'ons pas d'argent !

PIGEONNIER.

Quand on n'a pas d'argent... on cherche un ami pour lui en emprunter...

LEGALOUX.

Un ami ?... Moi ! moi !

* La Birette, Pigeonnier, Legaloux.
** Pigeonnier, Legaloux, La Birette.
*** Legaloux, Pigeonnier, La Birette.

SCÈNE SEIZIÈME

PIGEONNIER, à part.

Allons donc!... il a compris!

LEGALOUX.

Combien que c'est, son dédit?

PIGEONNIER.

Quarante écus... comme le tien...

LEGALOUX.

Tenez, les v'là!

PIGEONNIER, les prenant, et à part, allant à son bureau serrer son argent.

Très-bien! je rentre dans mes fonds!

LA BIRETTE, émue*.

Ah! monsieur Legaloux... vous êtes un beau caractère!

LEGALOUX.

Et vous une rude femme... pour le bon motif...

LA BIRETTE.

Ah! monsieur Legaloux...

LEGALOUX, avec feu.

Ah! belle Birette! quand je vous regarde, je sens comme des millions de pétards...

PIGEONNIER, à son bureau.

Ah ça! avez-vous bientôt fini? Allez déposer vos déclarations dehors...

LEGALOUX.

On s'en va.

LA BIRETTE.

Je vas quérir mon paquet.

LEGALOUX.

J'vas revenir vous chercher.

ENSEMBLE.

Air des *Deux Gilles*.

LA BIRETTE, et LEGALOUX, envoyant des baisers.
Pst! pst! pst! pst! A toi, toi, toi! (*bis.*)
Legaloux
Sera $\genfrac{}{}{0pt}{}{\text{mon}}{\text{ton}}$ époux.
Pst! pst! pst! pst! A toi, toi, toi! (*bis.*)
A toi seul, mon cœur et ma foi!

PIGEONNIER, se levant.
Encor des baisers, sur ma foi! (*bis.*)
Sur-le-champ, sortez de chez moi!
Filez doux,
Craignez mon courroux;
Je vous expulse de mon toit! (*bis.*)
Sur-le-champ, sortez de chez moi?

La Birette entre dans la cuisine. Legaloux par le fond.

* Pigeonnier, Legaloux, La Birette.

SCÈNE XVII

PIGEONNIER, puis HORTENSE.

PIGEONNIER.
J'aime autant ça... j'en serai quitte pour chercher deux nouveaux domestiques... (Voyant entrer Hortense par le fond.) Ah ! enfin... vous voilà !

HORTENSE.
Tiens, vous êtes seul ?... mon mari n'est pas là *?...

PIGEONNIER.
Il est auprès de ma femme. (Avec sentiment.) Il vous a donc abandonnée... l'ingrat ?

HORTENSE.
J'aime mieux ne pas l'avoir quand j'ai des visites à faire... Ce monsieur Bousseronde a si peu l'usage du monde !

PIGEONNIER.
Dame !.. un pharmacien de village...

HORTENSE.
Je sais bien que ça ne vaut pas un notaire...

PIGEONNIER minaudant en lui prenant la main.
Oh ! oh ! oh ! non !

HORTENSE.
Croiriez-vous que je n'ai jamais pu le décider à porter des cravates blanches !... J'adore les cravates blanches.

PIGEONNIER.
Vraiment ?

HORTENSE.
Mais non... monsieur Bousseronde ne comprend pas la distinction... Il est commun... trivial... vulgaire...

PIGEONNIER.
Oh ! continuez !... Continuez, ça me fait plaisir !

HORTENSE.
Comment !... ça vous fait plaisir que je dise du mal de mon mari... de votre ami ?...

PIGEONNIER, avec passion.
Mon ami ?... Dites mon rival !...

Avec feu.

Air d'*Yelva*.

D'un cœur épris je vous offre l'hommage...
Autour de nous tout est calme aujourd'hui.

* Hortense, Pigeonnier.

SCÈNE DIX-HUITIÈME.

En entendant votre divin langage,
Vous le voyez, je suis tout réjoui.
Pour mon ami, cependant, je reclame...
Si vous voulez, nous le façonnerons...
Un mot d'espoir, un mot de vous, madame, *(bis.)*
Et vous verrez ce que nous en ferons !

HORTENSE.

Monsieur Pigeonnier !

PIGEONNIER.

Hortense !... chère Hortense !...

Il se jette à ses genoux et lui baise la main. — Au même instant, Legaloux et La Birette rentrent, et poussent un cri d'étonnement. — Pigeonnier se relève vivement.

SCÈNE XVIII

Les Mêmes, LA BIRETTE, LEGALOUX, BOUSSERONDE,

LA BIRETTE et LEGALOUX *.

Ah !

PIGEONNIER, à part.

Pincé !

Il s'éloigne d'Hortense.

HORTENSE, à part.

Imprudente !

BOUSSERONDE, rentrant par la gauche, et apercevant Hortense **.

Tiens ! ma femme !

LEGALOUX et LA BIRETTE, recommençant à rire comme à la scène quinzième, mais, cette fois-ci, en désignant Bousseronde.

Hi ! hi ! hi ! hi !

BOUSSERONDE, à part.

Qu'est-ce qu'ils ont donc ?... Ça les reprend !... sont-ils bêtes !... ils me font rire aussi !...

Il se met à rire avec eux, ce qui augmente encore leur hilarité.

PIGEONNIER, qui s'est approché d'eux, leur glissant de l'argent. — Bas ***.

Silence !... (A Legaloux.) Te tairas-tu ?

LEGALOUX, bas.

A une condition... c'est que vous allez mettre vos gants blancs du baptême, et demander la main de mademoiselle... pour moi...

* Hortense, Pigeonnier, Legaloux, La Birette.
** Hortense, Bousseronde, Legaloux, La Birette, Pigeonnier.
*** Hortense, Bousseronde, Legaloux, Pigeonnier, La Birette.

PIGEONNIER, bas.

Faire la demande?... Jamais!

LEGALOUX, bas.

Prenez garde!...

Il simule un baiser sur son doigt.

PIGEONNIER, effrayé.

Oui... oui... tout de suite....

LEGALOUX, bas.

N' vous pressez pas... mettez vos gants...

PIGEONNIER, après avoir mis ses gants, très-embarrassé.

La Birette!...

LEGALOUX, le reprenant.

Mademoiselle!...

PIGEONNIER.

Mademoiselle... Legaloux...

LEGALOUX, le reprenant.

Monsieur Legaloux... et tournez-moi ça comme il faut.

PIGEONNIER.

Monsieur Legaloux n'a pu rester insensible à la vue de vos charmes... Il vous aime... et me charge de vous demander votre main.

LEGALOUX.

Très-bien!

BOUSSERONDE.

Ah bah!

LA BIRETTE, saluant cérémonieusement.

Monsieur le notaire, j'acceptons avec reconnaissance l'honneur que monsieur Legaloux voulons bien me faire... mais à une condition... c'est que vous allez ôter vos gants blancs.

BOUSSERONDE et HORTENSE, riant.

Hein?

LA BIRETTE.

Et nous mouler un contrat de mariage dans le soigné... et pour rien...

PIGEONNIER, vivement.

Pour rien?... Jamais!

Il passe à droite *.

LA BIRETTE, bas à Pigeonnier.

Ah! prenez garde!...

Elle simule un baiser sur son doigt.

PIGEONNIER, vivement.

Oui...oui... Comment donc!... mais c'est trop juste... Je vais préparer le contrat... et vous viendrez le chercher demain.

Il va à son bureau et écrit.

* Hortense, Bousseronde, Legaloux, La Birette, Pigeonnier.

SCÈNE DIX-HUITIÈME.

BOUSSERONDE, avec joie, à Legaloux et à La Birette.
Ah! vous vous en allez?

LEGALOUX *.
Mon Dieu, oui...

LA BIRETTE, allant à Bousseronde **.
Ça nous faisions de la peine de quitter un si bon maître... Heureusement que j'en avons trouvé un meilleur.

BOUSSERONDE.
Ah!... Et qui ça?

LA BIRETTE.
Dame!... vous... (Bas à Bousseronde.) Le buveur de lait.

BOUSSERONDE.
Ce serait avec plaisir... mais j'ai arrêté deux domestiques ce matin.

Il passe à droite.

LEGALOUX ***.
Ah! vous ne pouvez pas refuser ça au garçon de ferme du père Grivet...

Il simule un baiser sur son doigt.

BOUSSERONDE, vivement.
Certainement... je ne demande pas mieux... mais c'est ma femme...

Pigeonnier se lève et vient près d'Hortense ****.

LA BIRETTE, à Hortense.
Oh! en priant bien madame...

Elle simule un baiser.

HORTENSE, vivement.
Volontiers... Je vous arrête.

BOUSSERONDE, à part.
Elle est stupide, ma femme.

PIGEONNIER, à part.
Les gredins!... ils abusent!

BOUSSERONDE.
Mais qu'est-ce que nous allons faire de quatre domestiques?...

LA BIRETTE.
Oh! rassurez-vous... Il y en a deux qui ne feront pas grand'chose... tant que durera leur lune de miel.

LEGALOUX.
Et elle durera toute la vie.

* Pigeonnier, Hortense, Bousseronde, Legaloux, La Birette.
** Pigeonnier, Hortense, Bousseronde, La Birette, Legaloux.
*** Hortense, Bousseronde, Legaloux, La Birette, Pigeonnier.
**** Pigeonnier, Hortense, La Birette, Legaloux, Bousseronde.

BOUSSERONDE.

Bien obligé !

ENSEMBLE.

Air du duo de la scène XIII (J. Nargeot).

Comblant tous $^{nos}_{leurs}$ vœux,
Et, selon l'usage,
Un bon mariage
Va $^{nous}_{les}$ rendre heureux.

LEGALOUX, au public.

Nous entrons chez un nouveau maître ;
Il se défie de nous, c'est certain.

LA BIRETTE, de même.

Pour l' rassurer, faudrait peut-être
Qu' vous nous donniez un p'tit coup d' main.

LEGALOUX.

Je n' demandions que la justice ;
Vous nous connaissez d'puis longtemps.

LA BIRETTE.

Si vous êt's contents d' not' service,
Ce soir, servez-nous d' répondants,
Et pan, pan, pan,
Pan, pan, pan...

ENSEMBLE.

Comblant tous $^{nos}_{leurs}$ vœux,
Etc.

FIN

CHATILLON-SUR-SEINE. — IMPRIMERIE E. CORNILLAC

www.ingramcontent.com/pod-product-compliance
Lightning Source LLC
Chambersburg PA
CBHW070713050426
42451CB00008B/624